# La preghiera del Rosario

# La preghiera più completa

Il Rosario è una preghiera molto antica. Essa deriva dal bisogno di pregare in modo semplice e ripetitivo, di esprimere la propria devozione alla Madonna e di interiorizzare ciò che viene espresso attraverso le parole.
Nonostante oggi molti ritengano che "la vera devozione sia quella del cuore", il Rosario è una preghiera importantissima per il suo contenuto e per la sua forma.
Essa racchiude in sé tutte le preghiere più importanti del cristiano ma il suo valore sta nell'essere essenzialmente:
- **evangelica** (il suo enunciato infatti, i suoi misteri e le sue principali formule provengono proprio dal Vangelo);
- **contemplativa** perché permette di meditare la vita, la passione, la morte e la gloria di Gesù, e contemporaneamente di Sua madre, Maria Santissima;
- **di intercessione** alla Vergine per i nostri cari e per tutta l'umanità.

La sua ripetitività crea un flusso continuo di preghiera e permette di assimilare meglio ciò che si medita. Ed è proprio la possibilità di meditazione, insita in questa preghiera (la più completa!) a distinguere il Rosario dalle altre forme di devozione...".

# Il significato del nome

B

La parola Rosario significa "corona di rose": ogni volta infatti in cui recitiamo con il cuore una Ave Maria è come se donassimo alla Vergine Maria una bella rosa. Se la rosa è la regina dei fiori, il Rosario è la rosa delle diverse forme di devozione, perché riporta in modo sintetico tutta la storia del piano di salvezza di Dio per gli uomini. Non per nulla in tutte le sue apparizioni la Vergine ha esortato gli uomini a recitare il Rosario.

**Se il nostro tipo di devozione ci rende "facile" recitare il Rosario, possiamo fare la Novena del Rosario di 54 giorni in onore della Madonna del Rosario di Pompei.**

**Se in questa nostra epoca, frenetica, il Rosario ci sembra una preghiera "difficile", potremmo recitarlo in tre giorni, o semplificarlo recitando 10 Ave Maria e una sola Santa Maria.**

# L'origine del Rosario

Fu il frate domenicano, Alano de la Roche, (vissuto nel XV secolo) a dare origine alla tradizione che era stata la Madonna stessa a consegnare la corona del Rosario fra le mani di san Domenico.

In realtà la preghiera del Rosario nacque nell' XI secolo, quando i religiosi cominciarono a sentire la necessità di far partecipare alla preghiera del salterio (la recita dei centocinquanta salmi distribuiti nei giorni della settimana secondo le ore canoniche dell'ufficio divino) i laici o i conversi che non sapevano leggere e scrivere. Al posto dei 150 salmi, che venivano cantati in latino, i laici e i conversi analfabeti cominciarono così a recitare 150 Padre Nostro, a cui, in seguito, si aggiunsero 150 Ave Maria. E proprio per essi che vennero quindi inventate dapprima le cordicelle con i nodi e poi le corone con i grani.

Nel 1243, il Salterio della Beata Vergine richiedeva la recita di tre cinquantine di Ave Maria. Furono però le monache cistercensi che intorno al 1300, presso Treviri, aggiungensero alle Ave Maria il nome di Gesù, e il ricordo di numerosi fatti tratti dal Vangelo.

Nel XV secolo il certosino Domenico di Prussia, ispirato dal confratello Adolfo di Essen, ridusse a 50 le Ave

Maria introducendo nella preghiera anche i misteri della vita di Gesù, fino alla sua glorificazione.

Fu però Alano de la Roche , che, sempre nello stesso secolo, riportò il salterio di Maria Vergine a quindici decine di Ave Maria, con la meditazione dei misteri, dell'incarnazione, della passione e della risurrezione, e che fece nascere la leggenda legata a San Domenico.

La preghiera del Rosario aveva raggiunto con lui la sua forma quasi definitiva.

Nel 1569, papa Pio V introdusse, dopo l'Ave Maria, la Santa Maria, facendo diventare il Rosario, con l'aggiunta di questa seconda parte, una preghiera anche di intercessione, a cui in seguito vennero aggiunte le litanie.

Durante le apparizioni a Lourdes e a Fatima la Madonna ha mostrato di gradire in particolare questa forma di devozione e ha domandato all'umanità di recitare il Rosario.

Dopo Fatima è stata aggiunta al Rosario l'invocazione: "O Gesù perdona le nostre colpe...".

# Come si recita il Rosario
## usando la corona

- Ci si fa il Segno della croce;
- si recita il Padre Nostro iniziale;
- ci si prepara alla preghiera e alla meditazione e si possono formulare alcune intenzioni di preghiera;

1) si enuncia uno dei misteri, legati alla Rivelazione, che sono quindici (cinque misteri Gaudiosi, cinque Dolorosi, cinque Gloriosi);
2) si riflette brevemente sul mistero;
3) si recita il Padre Nostro;
4) si recitano dieci Ave Maria;
5) si recita il Gloria al Padre alla fine di ogni decina di Ave Maria;
6) si ripetono le preghiere dal 2 al 5, (cambiando ogni volta il mistero saranno in tutto 15 misteri, 15 Padre Nostro recitati sui grani grossi del Rosario, 150 Ave Maria sui dieci grani piccoli e 15 Gloria);
7) alla fine si recita la Salve Regina;
8) si conclude il Rosario con le litanie dedicate alla Vergine.

# Iniziamo il Rosario

Tutti: *Nel nome del Padre, del Figlio e dello Spirito Santo. Amen.*

Il Segno della Croce ci è stato tracciato sulla fronte nel Battesimo. Così questo è il segno che apre il colloquio con Dio all'inizio della preghiera del Rosario.
E' il simbolo della fede cristiana perché ricorda la Santissima Trinità che è uno dei misteri principali della fede.

Ci ha raccomandato Cirillo di Gerusalemme:

"Non vergognamoci di confessare il Crocifisso. Tracciamoci il segno di croce senza esitare, sulla fronte, con le dita in ogni circostanza: mangiando e bevendo, entrando ed uscendo, prima di addormentarci, coricandoci o levandoci. Ciò rappresenta una grande protezione, gratuita per i poveri, facile per i deboli: poiché la grazia viene da Dio".

(Catechesi XIII)

## Prepariamo il nostro animo alla preghiera e alla meditazione...

Guida: *Benedetto sii tu, Dio nostro Padre, che ci chiami a meditare e celebrare nella fede i misteri del tuo figlio Gesù. Concedi ai tuoi fedeli, assidui nella preghiera del Rosario, di custodire nel cuore insieme con Maria, Vergine e madre, per la grazia dello Spirito Santo, la gioia, la passione e la gloria di Gesù Cristo nostro Signore.*
*Egli vive e regna nei secoli dei secoli.*

Tutti: *Amen.*

Guida: *O Dio, vieni a salvarci.*

Tutti: *O Gesù, perdona le nostre colpe, preservaci dal fuoco dell'inferno, porta in cielo tutte le anime, specialmente quelle che hanno bisogno della tua misericordia.*

# I Misteri Gaudiosi (il lunedì e il giovedì)

Possono essere valorizzati soprattutto durante l'Avvento.

Guida: ***Nel primo mistero gaudioso si contempla l'annuncio dell'angelo a Maria.***

"... l'angelo Gabriele fu mandato da Dio, in una città della Galilea, chiamata Nàzaret, a una vergine, promessa sposa di un uomo della casa di Davide, chiamato Giuseppe. La vergine si chiamava Maria. Entrando da lei, disse: "Ti saluto, o piena di grazia, il Signore è con te". A queste parole ella rimase turbata e si domandava che senso avesse un tale saluto. L'angelo le disse: "Non temere, Maria, perché hai trovato grazia presso Dio. Ecco concepirai un figlio, lo darai alla luce e lo chiamerai Gesù. Sarà grande e chiamato figlio dell'Altissimo; il signore Dio gli darà il trono di Davide suo padre e regnerà per sempre sulla casa di Giacobbe e il suo regno non avrà fine".

(Luca 1,26-33)

Dopo una breve pausa di riflessione recitiamo la preghiera dedicata al Dio Padre come suo Figlio Gesù, fatto uomo per la nostra salvezza, ce lo ha rivelato.

Tutti: *Padre nostro, che sei nei cieli,*
*sia santificato il tuo nome, venga il tuo regno,*
*sia fatta la tua volontà*
*così in cielo come in terra.*
*Dacci oggi il nostro pane quotidiano,*
*e rimetti a noi i nostri debiti*
*come noi li rimettiamo ai nostri debitori,*
*e non ci indurre in tentazione*
*ma liberaci dal male. Amen.*

Invochiamo ora dieci volte Maria, con la preghiera a Lei dedicata che presenta due parti ben distinte. La prima comprende il saluto dell'angelo e quello di Elisabettta ed è una preghiera di lode, la seconda è una preghiera popolare di intercessione.

Tutti: *Ave, o Maria, piena di grazia*
*Il Signore è con te.*
*Tu sei benedetta fra le donne*
*E benedetto è il frutto del tuo seno, Gesù.*

*Santa Maria, Madre di Dio,*
*prega per noi peccatori,*
*adesso e nell'ora della nostra morte. Amen.*

Lodiamo quindi Dio, recitando il Gloria al Padre.
Ha detto Gesù ai suoi apostoli:

"Andate dunque e ammaestrate tutte le nazioni, battezzandole nel nome del Padre e del Figlio e dello Spirito Santo". (Mt 28,19)

Tutti: *Gloria al Padre e al Figlio e allo Spirito Santo.*
*Come era in principio e ora e sempre nei*
*secoli dei secoli. Amen.*

Guida: ***Nel secondo mistero gaudioso si contempla la visita di Maria a Santa Elisabetta.***

"In quei giorni Maria si mise in viaggio verso le montagne e raggiunse in fretta una città di Giuda. Entrata nella casa di Zaccaria, salutò Elisabetta. Appena Elisabetta ebbe udito il saluto di Maria, il bambino le sussultò nel grembo. Elisabetta fu piena di Spirito Santo ed esclamò a gran voce: "Benedetta tu fra le donne e benedetto il frutto del tuo grembo! A che debbo che la madre del mio Signore venga a me? Ecco appena la voce del tuo saluto è giunta ai miei orecchi, il bambino ha esultato di gioia nel mio grembo. E beata colei che ha creduto nell'adempimento delle parole del Signore". Allora Maria disse: "L'anima mia magnifica il Signore e il mio spirito esulta in Dio, mio salvatore, perché ha guardato l'umiltà della sua serva. D'ora in poi tutte le generazioni mi chiameranno beata".

(Luca 1, 39-48)

**Facciamo una breve pausa di riflessione e poi recitiamo il Padre Nostro, dieci Ave Maria e il Gloria al Padre.**

Guida: ***Nel terzo mistero gaudioso si contempla la nascita di Gesù a Betlemme.***

"In quei giorni un decreto di Cesare Augusto ordinò che si facesse il censimento di tutta la terra... Andavano tutti a farsi registrare, ciascuno nella sua città. Anche Giuseppe, che era della casa e della famiglia di Davide, dalla città di Nazaret e dalla Galilea salì in Giudea alla città di Davide, chiamata Betlemme, per farsi registrare insieme con Maria sua sposa, che era incinta. Ora, mentre si trovavano in quel luogo, si compirono per lei i giorni del parto. Diede alla luce il suo figlio primogenito, lo avvolse in fasce e lo depose in una mangiatoia, perché non c'era posto per loro nell'albergo".

(Luca 2, 1-6)

**Facciamo una breve pausa di riflessione e poi recitiamo il Padre Nostro, dieci Ave Maria e il Gloria al Padre.**

Guida: ***Nel quarto mistero gaudioso si contempla la presentazione di Gesù al Tempio.***

" Quando venne il tempo della loro purificazione secondo la legge di Mosé, portarono il bambino a Gerusalemme per offrirlo al Signore... Ora a Gerusalemme c'era un uomo di nome Simone, uomo giusto e timorato di Dio, che aspettava il conforto d'Israele; lo Spirito Santo, che era sopra di lui, gli aveva preannunziato che non avrebbe visto la morte prima di aver veduto il Messia del Signore.
Mosso dunque dallo Spirito, si recò al tempio: e mentre i genitori vi portavano il bambino Gesù per adempiere la Legge, lo prese tra le braccia e benedisse Dio:
"Ora lascia, o Signore, che il tuo servo vada in pace secondo la tua parola; perché i miei occhi hanno visto la tua salvezza, preparata da te davanti a tutti i popoli...".

(Luca 2,22-32)

**Facciamo una breve pausa di riflessione e poi recitiamo il Padre Nostro, dieci Ave Maria e il Gloria al Padre.**

Guida: ***Nel quinto mistero gaudioso si contempla il ritrovamento di Gesù fra i dottori del tempio.***

"I suoi genitori si recavano tutti gli anni a Gerusalemme per la festa di Pasqua. Quando egli ebbe dodici anni, vi salirono di nuovo secondo l'usanza; ma trascorsi i giorni della festa, mentre riprendevano la via del ritorno, il fanciullo Gesù rimase a Gerusalemme, senza che i genitori se ne accorgessero. Credendolo nella carovana, fecero una giornata di viaggio, e poi si misero a cercarlo tra i parenti e i conoscenti; non avendolo trovato, tornarono in cerca di lui a Gerusalemme. Dopo tre giorni lo trovarono nel Tempio, seduto in mezzo ai dottori, mentre li ascoltava e li interrogava.
E tutti quelli che l'udivano erano pieni di stupore per la sua intelligenza e le sue risposte. Al vederlo restarono stupiti e sua madre gli disse: "Figlio, perché ci hai fatto così? Ecco tuo padre ed io, angosciati, ti cercavamo". Ed egli rispose: "Perché mi cercavate? Non sapevate che io devo occuparmi delle cose del Padre mio?".

(Luca 2,41-49)

**Facciamo una breve pausa di riflessione e poi recitiamo il Padre Nostro, dieci Ave Maria e il Gloria al Padre.**

# I misteri dolorosi (il martedì e il venerdì)

Possono essere valorizzati soprattutto durante la Quaresima

Guida: ***Nel primo mistero doloroso si contempla Gesù che prega e suda sangue nell'orto degli Ulivi.***

"Uscito, se ne andò, come al solito, al monte degli Ulivi, e anche i discepoli lo seguirono. Giunto sul luogo, disse loro."Pregate, per non entrare in tentazione". Poi si allontanò da loro quasi un tiro di sasso e, inginocchiatosi, pregava: "Padre, se vuoi, allontana da me questo calice! Tuttavia non sia fatta la mia, ma la tua volontà". Gli apparve allora un angelo dal cielo a confortarlo. In preda all'angoscia, pregava più intensamente; e il suo sudore diventò come gocce di sangue che cadevano a terra. Poi, rialzatosi dalla preghiera, andò dai discepoli e li trovò che dormivano per la tristezza. E disse loro: "Perché dormite? Alzatevi e pregate, per non entrare in tentazione".

(Luca 22 39-46)

**Facciamo una breve pausa di riflessione e poi recitiamo il Padre Nostro, dieci Ave Maria e il Gloria al Padre.**

Guida: ***Nel secondo mistero doloroso si contempla la flagellazione di Gesù.***

..."Io non trovo in lui nessuna colpa... volete che io liberi il re dei Giudei?". Allora essi gridarono di nuovo: "Non costui, ma Barabba!". Barabba era un brigante. Allora Pilato fece prendere Gesù e lo fece flagellare".

(Giovanni 18, 38-40; 19,1)

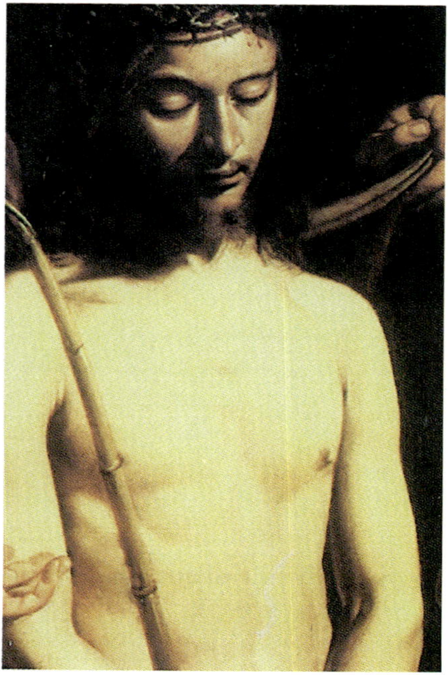

**Facciamo una breve pausa di riflessione e poi recitiamo il Padre Nostro, dieci Ave Maria e il Gloria al Padre.**

Guida: ***Nel terzo mistero doloroso si contempla Gesù incoronato di spine e insultato.***

"Allora i soldati del governatore condussero Gesù nel pretorio e gli radunarono attorno tutta la coorte. Spogliatolo, gli misero addosso un manto scarlatto e, intrecciata una corona di spine, gliela posero sul capo, con una canna nella destra; poi mentre gli si inginocchiavano davanti, lo schernivano: "Salve o re dei Giudei!" E sputandogli addosso, gli tolsero di mano la canna e lo percuotevano sul capo".

(Matteo 27,27-30)

**Facciamo una breve pausa di riflessione e poi recitiamo il Padre Nostro, dieci Ave Maria e il Gloria al Padre.**

Guida: ***Nel quarto mistero doloroso si contempla Gesù, caricato della croce, che percorre la via del Calvario.***

"...presero Gesù ed egli, portando la croce, si avviò verso il luogo del Cranio, detto in ebraico Gòlgota..."

(Giovanni 19,17)

" Lo seguiva una gran folla di popolo e di donne che si battevano il petto e facevano lamenti su di lui. Ma Gesù, voltandosi verso le donne, disse: "Figlie di Gerusalemme, non piangete su di me ma piangete su voi stesse e sui vostri figli. Ecco, verranno giorni nei quali si dirà: Beate le sterili e i grembi che non hanno generato e le mammelle che non hanno allattato".

(Luca 23,27-28-29)

**Facciamo una breve pausa di riflessione e poi recitiamo il Padre Nostro, dieci Ave Maria e il Gloria al Padre.**

Guida: ***Nel quinto mistero doloroso si contempla la crocifissione di Gesù e la sua morte sulla croce.***

"...lo crocifissero e con lui altri due, uno da una parte e uno dall'altra, e Gesù nel mezzo... Stavano presso la croce di Gesù sua madre, la sorella di sua madre, Maria di Clèofa e Maria di Màgdala. Gesù allora, vedendo la madre e lì accanto a lei il discepolo che egli amava, disse alla madre: "Donna, ecco il tuo figlio!".
Poi disse al discepolo: "Ecco tua madre!".... Dopo questo, Gesù, sapendo che ogni cosa era stata ormai compiuta, disse per adempiere la Scrittura: "Ho sete!"... Posero una spugna imbevuta di aceto in cima ad una canna e gliela accostarono alla bocca.
E dopo aver ricevuto l'aceto, Gesù disse: " Tutto è compiuto!".
E chinato il capo, spirò".

(Giovanni 19,18 ss.)

**Facciamo una breve pausa di riflessione e poi recitiamo il Padre Nostro, dieci Ave Maria e il Gloria al Padre.**

# I misteri gloriosi (il mercoledì, il sabato e la domenica)

Possono essere valorizzati soprattutto durante il tempo di Pasqua

Guida: ***Nel primo mistero glorioso si contempla la risurrezione di Gesù dalla morte.***

**Facciamo una breve pausa di riflessione e poi recitiamo il Padre Nostro, dieci Ave Maria e il Gloria al Padre.**

" Passato il sabato, all'alba del primo giorno della settimana, Maria di Màgdala e l'altra Maria andarono a visitare il sepolcro. Ed ecco che vi fu un gran terremoto: un angelo del Signore, sceso dal cielo, si accostò, rotolò la pietra e si pose a sedere su di essa..... l'angelo disse alle donne: "Non abbiate paura, voi! So che cercate Gesù il crocifisso. Non è qui. E' risorto, come aveva detto; venite a vedere il luogo dove era deposto. Presto, andate a dire ai suoi discepoli: E' risuscitato dai morti, e ora vi precede in Galilea; là lo vedrete".

(Matteo 28, 1-7)

Guida: ***Nel secondo mistero glorioso si contempla l'ascensione di Gesù al cielo.***

"Così venutisi a trovare insieme gli domandarono: "Signore, è questo il tempo in cui ricostituirai il regno d'Israele?". Ma egli rispose: "Non spetta a voi conoscere i tempi e i momenti che il Padre ha riservato alla sua scelta, ma avrete forza dallo Spirito Santo che scenderà su di voi e mi sarete testimoni a Gerusalemme, in tutta la Giudea e la Samarìa e fino agli estremi confini della terra". Detto questo, fu elevato in alto sotto i loro occhi e una nube lo sottrasse al loro sguardo. E poiché essi stavano fissando il cielo mentre egli se ne andava, ecco due uomini in bianche vesti si presentarono a loro e dissero: "Uomini di Galilea, perché state a guardare il cielo? Questo Gesù, che è stato di tra voi assunto fino al cielo, tornerà un giorno allo stesso modo in cui l'avete visto andare in cielo".

(Atti degli Apostoli 1,6-11)

**Facciamo una breve pausa di riflessione e poi recitiamo il Padre Nostro, dieci Ave Maria e il Gloria al Padre.**

Guida: ***Nel terzo mistero glorioso si contempla la discesa dello Spirito Santo sugli apostoli.***

"Mentre il giorno di Pentecoste stava per finire, si trovarono tutti insieme nello stesso luogo. Venne all'improvviso dal cielo un rombo, come di vento che si abbatte gagliardo, e riempì tutta la casa dove si trovavano: apparvero loro lingue come di fuoco che si dividevano e si posavano su ciascuno di loro; ed essi furono tutti pieni di Spirito Santo e cominciarono a parlare in altre lingue come lo Spirito dava loro potere di esprimersi".

(Atti degli Apostoli 2,1-4)

**Facciamo una breve pausa di riflessione e poi recitiamo il Padre Nostro, dieci Ave Maria e il Gloria al Padre.**

Guida: ***Nel quarto mistero glorioso si contempla l'assunzione al cielo di Maria in anima e corpo.***

L'Assunzione al cielo di Maria "in anima e corpo" non è altro che il coronamento della maternità divina, della verginità perpetua e del fatto che Maria fu esente dal peccato originale perché destinata ad essere la madre del Redentore.

"Grandi cose ha fatto in me l'Onnipotente e Santo è il suo nome". (Luca 1,49)

**Facciamo una breve pausa di riflessione e poi recitiamo il Padre Nostro, dieci Ave Maria e il Gloria al Padre.**

Guida: ***Nel quinto mistero glorioso si contempla l'incoronazione di Maria regina del cielo e della terra e la gloria di tutti i santi.***

" Nel cielo apparve poi un segno grandioso: una donna vestita di sole, con la luna sotto i suoi piedi e sul suo capo una corona di dodici stelle".

(Apocalisse 12,1)

"Vidi poi un nuovo cielo e una nuova terra, perchè il cielo e la terra di prima erano scomparsi e il mare non c'era più. Vidi anche la città santa, la nuova Gerusalemme, scendere dal cielo, da Dio, pronta come una sposa adorna per il suo sposo. Udii allora una voce potente che usciva dal trono:

" Ecco la dimora di Dio con gli uomini!
Egli dimorerà tra di loro
Ed essi saranno il suo popolo
Ed egli sarà il "Dio-con-loro".
E tergerà ogni lacrima dai loro occhi;
non ci sarà più la morte,
né lutto, né lamento, né affanno"...

(Apocalisse 21,1-5)

**Facciamo una breve pausa di riflessione e poi recitiamo il Padre Nostro, dieci Ave Maria e il Gloria al Padre.**

***Prima di concludere il Rosario con le litanie alla Beata Vergine Maria, recitiamo la preghiera a lei dedicata:***

"Elisabetta, piena di Spirito Santo, esclamò a gran voce:
Benedetta tu fra le donne e benedetto il frutto del tuo grembo!" (Luca 1,42)

Tutti: ***Salve Regina, madre di misericordia, vita, dolcezza e speranza nostra, salve.
A te ricorriamo, esuli figli di Eva; a te sospiriamo gementi e piangenti in questa valle di lacrime.
Orsù dunque, avvocata nostra, rivolgi a noi gli occhi tuoi misericordiosi.
E mostraci, dopo questo esilio, Gesù, il frutto benedetto del tuo seno.
O clemente, o pia, o dolce Vergine Maria.***

# Le litanie della Beata Vergine Maria

**Sono una lunga serie di invocazioni alla Vergine Maria, caratterizzate da una lode continuata, accompagnata da una supplica.**

| | |
|---|---|
| Guida: *Signore, pietà* | Tutti: *Signore, pietà* |
| *Cristo, Pietà* | *Cristo, pietà* |
| *Signore, pietà* | *Signore, pietà* |
| oppure: | |
| *Kyrie, eleison* | *Kyrie, eleison* |
| *Christe, eleison* | *Christe, eleison* |
| *Kyrie, eleison* | *Kyrie, eleison* |
| Guida: *Santa Maria* | Tutti: *prega per noi* |
| *Santa madre di Dio* | *prega per noi* |
| *Santa Vergine delle Vergini* | *prega per noi* |
| *Madre di Cristo* | *prega per noi* |
| *Madre della Chiesa* | *prega per noi* |
| *Madre della divina grazia* | *prega per noi* |
| *Madre purissima* | *prega per noi* |
| *Madre castissima* | *prega per noi* |
| *Madre sempre vergine* | *prega per noi* |
| *Madre immacolata* | *prega per noi* |
| *Madre degna d'amore* | *prega per noi* |
| *Madre ammirabile* | *prega per noi* |
| *Madre del buon consiglio* | *prega per noi* |
| *Madre del Creatore* | *prega per noi* |
| *Madre del Salvatore* | *prega per noi* |
| *Vergine prudente* | *prega per noi* |
| *Vergine degna di onore* | *prega per noi* |
| *Vergine degna di lode* | *prega per noi* |
| *Vergine potente* | *prega per noi* |
| *Specchio di perfezione* | *prega per noi* |
| *Sede della Sapienza* | *prega per noi* |

| | |
|---|---|
| *Fonte della nostra gioia* | *prega per noi* |
| *Tempio dello Spirito Santo* | *prega per noi* |
| *Tabernacolo dell'eterna gloria* | *prega per noi* |
| *Dimora consacrata a Dio* | *prega per noi* |
| *Rosa mistica* | *prega per noi* |
| *Torre della santa città di Davide* | *prega per noi* |
| *Fortezza inespugnabile* | *prega per noi* |
| *Santuario della divina presenza* | *prega per noi* |
| *Arca dell'alleanza* | *prega per noi* |
| *Porta del cielo* | *prega per noi* |
| *Stella del mattino* | *prega per noi* |
| *Salute degli infermi* | *prega per noi* |
| *Rifugio dei peccatori* | *prega per noi* |
| *Consolatrice degli afflitti* | *prega per noi* |

| | |
|---|---|
| *Regina degli Angeli* | *prega per noi* |
| *Regina dei Patriarchi* | *prega per noi* |
| *Regina dei Profeti* | *prega per noi* |
| *Regina degli Apostoli* | *prega per noi* |
| *Regina dei martiri* | *prega per noi* |
| *Regina dei confessori della fede* | *prega per noi* |
| *Regina delle vergini* | *prega per noi* |
| *Regina di tutti i santi* | *prega per noi* |
| *Regina concepita senza peccato* | *prega per noi* |
| *Regina assunta in cielo* | *prega per noi* |
| *Regina del Rosario* | *prega per noi* |
| *Regina della pace* | *prega per noi* |

| | |
|---|---|
| *Agnello di Dio* | |
| *che togli i peccati del mondo* | *perdonaci, Signore* |
| *Agnello di Dio* | |
| *che togli i peccati del mondo* | *ascoltaci, Signore* |
| *Agnello di Dio* | |
| *che togli i peccati del mondo* | *abbi pietà di noi* |

**Concludiamo la preghiera:** ***Nel nome del Padre e del Figlio e dello Spirito Santo. Amen.***

*Un grande teologo, Teilhard de Chardin, ha definito il Rosario "un mezzo di cristianizzazione dell' esistenza".*

ISBN 88-87688-04-4
9 788887 688047

Lit. 3000